I0711687